AF264306